NATIONAL GEOGRAPHIC

D0584300

¡A jugar a la pelota!

EDICIÓN PATHFINDER

Por Michael Ruscoe

CONTENIDO

¡A jugar a la pe

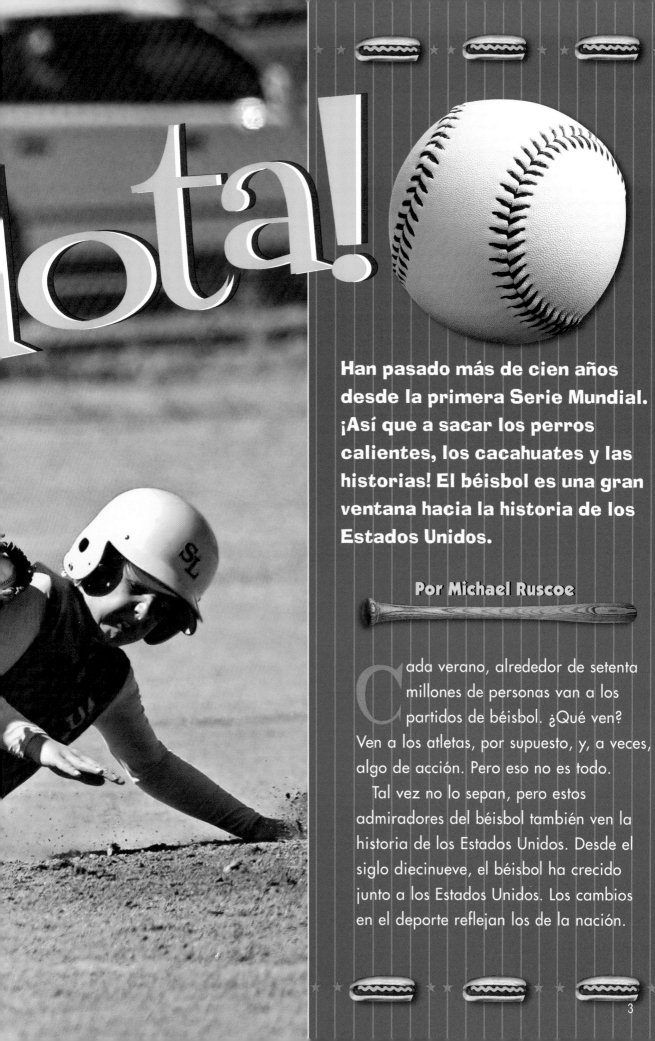

¡ota!

Han pasado más de cien años desde la primera Serie Mundial. ¡Así que a sacar los perros calientes, los cacahuates y las historias! El béisbol es una gran ventana hacia la historia de los Estados Unidos.

Por Michael Ruscoe

Cada verano, alrededor de setenta millones de personas van a los partidos de béisbol. ¿Qué ven? Ven a los atletas, por supuesto, y, a veces, algo de acción. Pero eso no es todo.

Tal vez no lo sepan, pero estos admiradores del béisbol también ven la historia de los Estados Unidos. Desde el siglo diecinueve, el béisbol ha crecido junto a los Estados Unidos. Los cambios en el deporte reflejan los de la nación.

Bajo custodia. *Los prisioneros de guerra de la Unión juegan béisbol en Salisbury, Carolina del Norte. Los custodios confederados vigilan el juego, y a los prisioneros.*

Juegos de guerra

En 1861 Estados Unidos entró en guerra con sus propios estados. Trece estados se **separaron**, o se desprendieron de la nación. Formaron un nuevo país, los Estados Confederados de América.

El presidente Abraham Lincoln estaba decidido a volver a unir al país. Envió tropas para recuperar los estados separados. Para oponerse a Lincoln, la Confederación creó su propio ejército. Ambos lados se enfrentaron en la Guerra Civil.

Los soldados de ambos bandos jugaban al béisbol siempre que podían. El juego ayudaba a los prisioneros de guerra a combatir el aburrimiento. A veces, los prisioneros incluso jugaban contra sus captores.

Quizá el partido más grande de la Guerra Civil haya sido el que tuvo lugar el 25 de diciembre de 1862. Alrededor de 40.000 soldados de la Unión se reunieron en Hilton Head, Carolina del Sur, para verlo.

La guerra terminó en 1865. Los soldados que regresaban difundieron el béisbol a lo largo de los EE.UU. Algunas ciudades tenían dos equipos: uno para los afroamericanos, otro para los blancos. El béisbol estaba **segregado** o dividido por razas. Lo mismo sucedía en el país.

El campeonato mundial.

La primera liga profesional nació en 1871. En 1876, se convirtió en la Liga Nacional, la misma que juega hoy en día. Con los años, se formaron más ligas. Solo una sobrevivió. Esta es la Liga Americana, creada en 1901.

Al comienzo, las dos ligas nunca jugaban entre sí. En 1903, los dirigentes de los equipos de béisbol decidieron organizar una serie de partidos al final de la temporada. Competiría el mejor equipo de cada liga. Para triunfar, un equipo necesitaba ganar cinco partidos.

En el bate. *Este jugador de pelota estuvo en la tapa de un manual de béisbol de 1890.*

En la primera Serie Mundial, se enfrentaron los Boston Pilgrims (más tarde, los Red Sox) y los Pittsburg Pirates. Pittsburg ganó el primer partido; Boston, el segundo. Pittsburg se apoderó de los dos siguientes. Con solo dos triunfos más, Pittsburg se convertiría en el "campeón mundial".

Luego, las cosas cambiaron. Boston regresó con ímpetu y ganó los cuatro partidos seguidos, uno tras otro. En octubre de 1903, los Pilgrims se convirtieron en los triunfadores de la primera Serie Mundial de béisbol.

En 1904, no se jugó la Serie Mundial. Los New York Giants se negaron a jugar contra los Pilgrims. Después de eso, sin embargo, las dos ligas acordaron que se celebrara la Serie Mundial cada año.

El deporte de la bandera estrellada

La popularidad del béisbol aumentó muchísimo durante las próximas dos décadas. El juego verdaderamente se convirtió en lo que suele llamarse "un **pasatiempo** nacional". Un pasatiempo es algo que resulta entretenido hacer.

Seguramente fue un factor decisivo el hecho de que varios presidentes fueran admiradores del béisbol. El día de la inauguración, en 1910, William H. Taft lanzó la primera pelota en un partido de los Senators de Washington. Esto se convirtió en una tradición presidencial.

Woodrow Wilson (arriba) fue el primer presidente que asistió a la Serie Mundial. Vio como Boston derrotaba a Philadelphia en 1915. Calvin Coolidge fue a varios partidos de la Serie Mundial en 1924. Se convirtió en el primer presidente que lanzó la pelota en el primer partido de una Serie Mundial.

Las primeras décadas del béisbol también fueron testigo del inicio de otra tradición. En 1917 los Estados Unidos se sumaron a la Primera Guerra Mundial. El conflicto profundizó el **patriotismo** de muchos estadounidenses. Durante la Guerra, los admiradores empezaron a cantar la canción Star Spangled Banner (el himno nacional) al comienzo de los partidos de béisbol.

Una liga nueva

La Segunda Guerra Mundial se desencadenó veinte años después de la Primera Guerra Mundial. Los Estados Unidos se sumaron al conflicto varios años más tarde, en 1941. Para apoyar al país, los dirigentes de los equipos de béisbol ofrecieron interrumpir los partidos mientras durase la guerra.

Pero el presidente Franklin D. Roosevelt no quiso que se detuviera el pasatiempo nacional. En una carta a los dirigentes del béisbol, escribió: "Honestamente, siento que sería mejor para el país que el béisbol continuase". Los juegos continuaron.

Muchos jugadores, sin embargo, fueron de los campos de juego a los campos de batalla. Su ausencia dio a las mujeres la posibilidad de jugar al béisbol profesionalmente. Muchas mujeres también fueron a trabajar. Ocuparon los puestos de trabajo que los hombres habían dejado para ir a pelear en la guerra.

La liga de béisbol profesional femenina, All-American Girls, se formó en 1943. Algunas de sus jugadoras eran tan buenas como los hombres a los que reemplazaban. Una lanzadora incluso ponchó a Babe Ruth, una de las más grandes estrellas del béisbol.

La liga demostró ser tan popular que continuó después de la guerra. No bajó de cartel hasta 1954. Para entonces, más de seiscientas mujeres habían jugado béisbol profesional.

El final de la segregación

Incluso después de la Segunda Guerra Mundial, los jugadores no podían competir juntos. El béisbol y los Estados Unidos seguían segregados. Pero los responsables del béisbol no tardaron en terminar con la segregación.

En 1947 Jackie Robinson se convirtió en el primer jugador afroamericano de las grandes ligas modernas. Ayudó a que los Brooklyn Dodgers llegaran hasta la Serie Mundial de ese año. (Perdieron frente a los New York Yankees.)

Robinson ayudó a que los estadounidenses viesen que los afroamericanos podían tener éxito cuando se les daba una oportunidad. Apenas algunos años después, la Corte Suprema prohibió la segregación en las escuelas públicas.

Pasatiempo internacional

El pasatiempo estadounidense ha cobrado popularidad global. Los atletas de todo el mundo van a los Estados Unidos para jugar al béisbol. Por supuesto, son solo una parte de los millones de personas que han **inmigrado**, o que se han mudado a los EE.UU. a lo largo de la historia del país.

Como resultado, la Serie Mundial realmente le hace honor a su nombre. Los partidos recientes han sido protagonizados por jugadores del Japón, República Dominicana, Nicaragua, Cuba, Australia, Corea del Sur y Curasao. Y, en 1991, los Toronto Blue Jays fueron el primer equipo no estadounidense que se convirtió en campeón mundial.

Este año, dos equipos más competirán en la Serie Mundial. Una innumerable cantidad de personas sigue los partidos. Ya sea que jueguen o miren los partidos partidos, todos formarán parte de la historia de los Estados Unidos, que aún sigue evolucionando.

El poder de las chicas. *Durante la década del cuarenta, diez equipos de las All-American Girls atrajeron a cerca de un millón de admiradores por año.*

Deslizándose a la fama *Jackie Robinson ocupó la primera plana de los periódicos cuando empezó a jugar en las grandes ligas, en 1947. Dos años más tarde, fue nombrado "El jugador más valioso".*

Vocabulario

inmigrar: *mudarse de un país a otro.*

pasatiempo: *actividad que divierte*

patriotismo: *amor por el país al que se pertenece*

separarse: *dividirse*

segregado: *dividido por raza*

Jugando alrededor del mundo
Los jugadores de Japón y de California bailaron juntos en la Serie Mundial de las Pequeñas Ligas de 2011.

El color del béisbol

Haciendo historia *Andrew "Rube" Foster fundó la primera liga negra de béisbol en 1920.*

Habrás escuchado hablar de Jackie Robinson. Hizo historia en 1947. Esto fue cuando se incorporó a los Brooklyn Dodgers, equipo formado en su totalidad por jugadores blancos. No obstante, Robinson no fue el primer afroamericano que jugó al béisbol profesional. Este honor pertenece, en realidad, a Bud Fowler.

Fowler se incorporó a un equipo profesional blanco en 1878. En ese momento, era el único jugador afroamericano de la liga. Hacia fines del siglo diecinueve, casi cincuenta jugadores afroamericanos jugaban en equipos de jugadores blancos.

No obstante, hacia 1900, estos jugadores fueron expulsados de los equipos blancos. La segregación les impidió jugar con los blancos. ¿Adónde fueron los jugadores? Jugaron en equipos formados en su totalidad por afroamericanos.

Andrew "Rube" Foster fundó la Negro National League (Liga Nacional Negra) en 1920. Tenía ocho equipos. Pronto se formaron otras ligas negras.

Jugando para las multitudes. A pesar de la segregación, muchos partidos de la Liga Negra se jugaban en los estadios de las ligas mayores.

La vida en las ligas

Las ligas negras fueron un gran éxito. Los equipos de afroamericanos recorrieron las regiones rurales, viajando a través del país en autobuses o trenes. Los jugadores eran los héroes de muchas comunidades afroamericanas. Cuando un equipo célebre llegaba a una ciudad, la gente dejaba todo lo que estaba haciendo para verlos jugar.

Desde 1933, los mejores jugadores de las ligas compitieron en el partido de todas las estrellas, en el Parque Comiskey de Chicago. Multitudes acudieron a ver a sus jugadores favoritos. Entre 20.000 y 50.000 admiradores asistieron a los partidos.

Incluso a pesar de su popularidad, las estrellas afroamericanas del béisbol enfrentaban las mismas dificultades que otros afroamericanos en los Estados Unidos. No se les permitía entrar en muchos restaurantes y hoteles. Con frecuencia, tenían que dormir en el autobús o junto a la ruta. La segregación aún afectaba sus vidas.

El final de una era

Las ligas mayores se abrieron a los jugadores afroamericanos en 1947. Poco después, los equipos afroamericanos comenzaron a cerrarse. Perdieron a todos sus mejores jugadores. Hacia inicios de los sesenta, no quedaban equipos totalmente formados por afroamericanos en los Estados Unidos. No obstante, el legado de los jugadores afroamericanos en las ligas mayores recién comenzaba.

En la ruta *Los equipos afroamericanos solían viajar en autobús cuando recorrían las regiones rurales.*

Superestrellas

En conjunto, más de cuatro mil personas jugaron en los equipos de la Liga Negra. Algunos de los mejores han sido votados para figurar en la Galería Nacional de Famosos del Béisbol.

JAMES "COOL PAPA" BELL

James "Cool Papa" Bell jugó béisbol profesional durante más de veinte años. Durante este período, se hizo famoso por ser el hombre más rápido del béisbol. Podía recorrer las bases en solo doce segundos. Su increíble velocidad le permitía llegar a la base aunque atraparan la pelota en la zona interior de la cancha y convertir jugadas simples en dobles. Bell también era un fantástico ladrón de bases. Cuenta la leyenda que una vez robó dos bases en un solo lanzamiento.

e las ligas negras

★ ★ ★ ★ ★

SATCHEL PAIGE

Stachel Paige jugó al béisbol durante más de treinta años. Fue uno de los lanzadores más famosos de todos los tiempos. Fue el primer jugador de la Liga Negra votado para figurar en la Galería de Famosos. Se incorporó a las ligas mayores en 1948 y ayudó a los Cleveland Indians a ganar la Serie Mundial. Según algunas anécdotas, Paige tenía tanta confianza que les decía a sus jugadores jardineros que se sentaran mientras lanzaba la pelota.

JOSH GIBSON

Josh Gibson comenzó en las ligas negras cuando saltó desde las gradas para reemplazar a un cátcher lesionado. Desde ese día, Gibson hizo historia. Hoy en día se lo recuerda como el bateador más poderoso del béisbol afroamericano. ¡Muchos de los 952 jonrones que hizo durante su carrera viajaron más de quinientos pies! Gibson murió apenas tres meses antes de que los afroamericanos pudieses unirse a las ligas mayores.

Béisbol

Intenta responder a estas preguntas para evaluar lo que has aprendido.

1 ¿Cómo ayudó el béisbol a los soldados durante la Guerra Civil?

2 ¿Cuándo y por qué los admiradores empezaron a cantar el himno nacional de los EE.UU. (Star-Spangled Banner) en los partidos de béisbol?

3 ¿Por qué se formó la Liga Profesional de Béisbol Femenino en 1943?

4 ¿Qué desafíos enfrentaron alguna vez los jugadores de béisbol afroamericanos?

5 ¿De qué forma los cambios en el béisbol reflejaron los cambios en los Estados Unidos?